Zeitmanagement - Das Praxisbuch

Mit effizienter Organisation und Planung zu starkem Fokus und weniger Stress, um bessere Ergebnisse mit geringerem Zeitaufwand zu erzielen

Matthias Seenberger

INHALT

Das erwartet Sie in diesem Buch

Fühlen Sie sich häufig gestresst und haben Sie das Gefühl, Ihren Aufgaben hinterherzulaufen? Kommt es Ihnen so vor, als würden Sie nie wirklich das erledigt bekommen, was Sie sich vorgenommen haben? Stellen Sie abends fest, dass Sie den ganzen Tag durch Ihr Leben gewirbelt sind und pausenlos in Aktion waren und doch nicht so genau wissen, was Sie in all den Stunden tatsächlich getan haben?

Vielleicht haben Sie sich verzettelt und es bleiben jede Menge unerledigte Aufgaben zurück, die sich wie Berge vor Ihnen auftürmen. Vielleicht fühlen Sie sich müde und erschöpft und manchmal auch frustriert, weil sich bei Ihnen das Gefühl einschleicht, Sie würden „rückwärts" arbeiten?

Dieser Ratgeber wird Ihnen Wege zeigen, aus diesem Dilemma auszubrechen. Er wird Ihnen helfen, sich in alltäglichen Bereichen neu zu strukturieren und Ihre wertvolle Zeit auf andere Weise zu nutzen.

Praktische Tipps unterstützen Sie dabei, Ihren individuellen Anforderungen besser gerecht zu werden. Mit ein wenig Übung werden Sie selbst zu einem Organisationstalent, das mit dem passenden Zeitmanagement wesentlich entspannter durchs Leben geht.

Es ist unerheblich, ob Sie in Stress geraten, weil Sie das Mittagessen pünktlich servieren, die Kinder zum Sport fahren und den Haushalt meistern müssen oder ob Sie einen wichtigen Geschäftstermin wahrnehmen und vorher die Excel-Tabellen und Terminpläne fertigstellen müssen. Vielleicht müssen Sie sogar beides parallel meistern und Ihre Tage könnten gut und gern 20 Stunden mehr haben, um alles hineinzupacken.

Das Ergebnis ist immer dasselbe: Sie fühlen sich gestresst und unter Druck, vielleicht auch erschöpft und leer und schrecklich ungenügend.

Steigen Sie aus diesem Irrsinn aus. Finden Sie Wege, Ihren ganz persönlichen Alltag so zu gestalten, dass Sie nicht mehr atemlos durch Ihr Leben hasten. Gönnen Sie sich den Erfolg und das gute Gefühl der Zufriedenheit, wenn Sie sich nach getaner Arbeit zurücklehnen können und wissen, dass Sie Ihr Tageswerk wie geplant vollbracht haben.

Unterschiedliche Typen und Anforderungen

G ehören auch Sie zu den Menschen, die unglaublich viele Dinge gleichzeitig erledigen sollten und dadurch oft jede Menge unerledigter Aufgaben vor sich herschieben?

Eines steht fest: So vielfältig wie die Menschen selbst, sind auch ihre unterschiedlichen Aufgabenbereiche und auch die

Herangehensweisen der Einzelnen unterscheiden sich erheblich voneinander. Nicht jeder gerät durch ein komplexes und anspruchsvolles Aufgabengebiet gleichermaßen unter Zeitdruck und somit in Stress.

Wir fragen uns vielleicht, wieso es manchen Menschen gelingt, so viel mehr Aufgaben in weniger Zeit zu erledigen und das dazu vermeintlich noch relativ stressfrei? Wie schaffen sie es, ihre täglichen Verpflichtungen aus Beruf und Familie mit Bravour zu meistern und trotzdem Raum für Freunde, sich selbst und ihre Hobbys zu finden? Woher nehmen diese sogenannten Organisationstalente ihre Energie und wie strukturieren und managen sie die Abläufe so, dass sie am Ende des Tages den größten Teil ihres vorgesehenen Pensums oder gar alles geschafft haben?

Vielleicht stellen auch Sie sich gelegentlich diese Fragen. Vielleicht ahnen Sie selbst auch bereits an manchen Stellen, dass klare Strukturen helfen könnten, Ihr Leben entspannter zu gestalten.

Fangen Sie noch heute an, diese Strukturen zu schaffen und passgenau auf Ihr Leben anzuwenden. Sie werden sehen, dass Ihnen mit dem optimalen Zeitmanagement und einer besseren Organisation vieles leichter fallen wird, Sie im Ergebnis die Zeit für sich

gewinnen werden und nicht mehr gegen sie an-
kämpfen müssen.

Es gibt auf den ersten Blick riesige Unter-
schiede in Bezug auf die Aufgabenfelder, die einzelne Menschen zu erfüllen haben. Nicht immer
jedoch sagen die auszuführenden Tätigkeiten über
den Stresslevel des Einzelnen tatsächlich etwas
aus.

Es gibt den Manager, der eine große Firma lei-
tet und souverän und mit einer ruhigen und be-
sonnenen Überlegenheit wichtige Termine absol-
viert und dabei stets den Überblick behält, der sich
trotz seiner verantwortungsvollen Position in seiner Rolle wohlfühlt und sich seinen täglichen Aufgaben gewachsen sieht. Es gibt jedoch auch den
Manager, der in großer Hektik durch die Räume
seiner Firma hetzt und dem die Zeit niemals ausreicht, um seiner Verantwortung gerecht zu werden. Er gönnt sich kaum Pausen oder Urlaub, da
ohne sein permanentes Zutun die Firma nicht wei-
terlaufen würde.

Wir sehen die Hausfrau, die für die Tagesab-
läufe zu Hause, die Kinder, den Haushalt und

andere familiäre Bereiche zuständig ist. Die vielleicht sogar noch nebenbei berufstätig ist und mit dieser Doppelbelastung gut zurechtkommt, aber auch die, die Ihrem Alltag kaum folgen kann und manchmal sogar fast daran zerbricht.

Es gibt Berufe, die einen extrem fordern, und private Situationen, die uns nahezu alles abverlangen und doch nicht zu unserer Zufriedenheit gemeistert werden können.

Die Liste dieser Beispiele ließe sich nahezu endlos fortsetzen und ergänzen. Und so unterschiedlich alle diese Menschen und Situationen sind, so verschieden sind auch die Ursachen und Gründe dafür, ob sie sich ihrem Alltag, egal, in welcher Form, gewachsen fühlen.

Es gibt Menschen, die unglaublich flink in der Ausführung von Tätigkeiten sind, die eine schnelle Auffassungsgabe haben und über ein außergewöhnlich hohes Maß an Resilienz verfügen. Mehrere interessante Studien beschäftigten sich bereits mit der Erforschung von Resilienz und es gibt zahlreiche Literatur, die sich mit den Möglichkeiten beschäftigt, diesen Bereich Ihrer Persönlichkeit weiterzuentwickeln und zu stärken.

Die Mehrheit von uns gelangt jedoch zumindest hin und wieder an den Punkt, an dem unerledigte Aufgaben sie nahezu zu erdrücken drohen.

Was auch immer dazu geführt hat, dass wir uns überfordert und unter Zeitdruck fühlen, die Situation lässt sich mit ein paar einfachen Tricks und deren konsequenter Anwendung für jeden von uns verbessern.

Zuerst einmal ist es wichtig, dass wir erkennen, was genau uns den Alltag schwermacht. Oft sind es die vielen kleinen alltäglichen Dinge, die uns einfach nicht von der Hand gehen wollen und bei denen es sich anfühlt, als wäre alles angefangen und nichts zu Ende gebracht. Hierzu zählen wir häufig die wiederkehrenden Abläufe wie kochen, Wäsche waschen, Hausarbeit im Allgemeinen, aber auch der anstehende Reifenwechsel, die Steuererklärung und natürlich die beruflichen Anforderungen, die zum Beispiel mit einer Flut unbeantworteter E-Mails einhergehen.

Nehmen Sie sich also die Zeit, Ihre ganz persönlichen Aufgaben zu erkennen und zu benennen. Hierfür empfehle ich, direkt einen Block und

Stift bereitzuhalten und alles zu notieren, was Ihnen hierzu einfällt.

Praxistipps:

- Notieren Sie sich alle regelmäßig wiederkehrenden Aufgaben.

- Überprüfen Sie in den kommenden Tagen im Alltag, ob Sie hierbei etwas vergessen haben. Vergessen Sie möglichst nichts, auch nicht die Kleinigkeiten, wie die Spülmaschine auszuräumen, und ergänzen Sie Ihre Liste, wann immer es notwendig ist.

- Notieren Sie sich auf einem separaten Blatt auch Aufgaben, die nicht ganz so häufig anfallen oder auch nur einmal im Jahr.

- Benennen Sie grob die Häufigkeit der Durchführung einzelner Aufgaben (täglich, wöchentlich, zweimal im Monat etc.).

Die Erstellung einer solchen Liste verschafft Ihnen zuerst einmal den wichtigen Überblick über das, was Sie in Ihrem Leben alles meistern. Sie bildet aber vor allem auch die Grundlage, diese Tätigkeiten zu überdenken und neu zu strukturieren. Die Erfassung der weniger häufigen Aufgaben auf einem separaten Blatt dient lediglich einer besseren Übersicht.

Ansprüche überdenken

Sie haben nun einen ersten Überblick gewonnen. Vielleicht ist es Ihnen schwergefallen, diesen Praxistipp aufzugreifen und umzusetzen. Möglicherweise fragen Sie sich, wie Sie diese Aufgabe neben all den anderen Verpflichtungen nun auch noch erledigen sollen.

Haben Sie Mut und versuchen Sie es. Fast jede Veränderung bedarf zuerst einer Anstrengung, aber Ziel ist es, durch diese Anstrengung und die konsequente Anwendung eine bleibende Verbesserung herbeizuführen. Diese Investition von Zeit wird sich langfristig lohnen, um die Zeit selbst auf Dauer zu Ihrem Freund zu machen.

Wenn Sie sich nun all Ihre anstehenden Aufgaben ansehen und die Häufigkeit, mit der sie ausgeführt werden, stellen Sie sich selbst die Frage, ob sich diese Ausführung mit Ihren Ansprüchen deckt.

Vielleicht würden Sie manche Dinge gern häufiger oder auch schneller erledigen. Vielleicht fallen Ihnen aber auch Arbeiten auf, die Sie automatisch erledigen, ohne dass es unbedingt notwendig ist. Es gibt nicht für alles eine Regelmäßigkeit, die verbindlich richtig ist. Oftmals hat sich in unserer Vorstellung lediglich ein Bild von dem verfestigt, was wir für richtig halten.

Verabschieden wir uns zuerst einmal von diesen Vorstellungen und versuchen wir, sie noch einmal ganz neu zu definieren. Wer sagt denn, dass zum Beispiel der Boden täglich gesaugt und gewischt werden muss? Ist unsere Freundin, die das nur einmal in der Woche erledigt, weniger sauber und wertvoll? Wer entscheidet, dass jede eingehende E-Mail am selben Tag eine Rückmeldung erhalten muss? Ist eine spätere Antwort in vielen Fällen nicht ebenfalls ausreichend? Es lohnt sich durchaus, eingefahrene Abläufe zu hinterfragen und bewusst neue Entscheidungen zu treffen. Fragen Sie sich also, wie wichtig es Ihnen ist, dass eine bestimmte Aufgabe in ihrer Häufigkeit erledigt werden muss oder ob es nicht auch ausreichen würde, diese zu reduzieren.

Wann haben Sie für sich entschieden, dass alles nach Ihrer Vorstellung perfekt sein und mit sehr gut bewertet werden muss? Reicht es nicht auch, zum Großteil die Dinge gut zu erledigen? Und was wäre denn tatsächlich so schlimm daran, von Zeit zu Zeit etwas mit dem Prädikat ‚ausreichend' fertigzustellen?

Schauen wir uns diese Begrifflichkeit doch einmal etwas genauer an. Das Wort an sich gibt eine klare Aussage über die entsprechende Bedeutung ab, nämlich dass das, was wir tun, ausreicht. Es ist genug.

Nehmen wir hierfür ein einfaches Beispiel, das jeden von uns betrifft. Wir alle müssen täglich etwas essen. Es ist wundervoll, wenn wir aus frischen Zutaten ein außergewöhnlich gutes Essen zubereiten, vielleicht sogar noch mit einem speziellen Salat und einem leckeren Dessert. Unsere Leistung würde neutral sicherlich mit einem „sehr gut" bewertet werden. Was aber, wenn uns neben all den anderen anstehenden Erledigungen die Zeit an manchen Tagen für ein solch aufwendiges Essen fehlt? Sind wir deshalb wirklich schlechte Ehepartner oder Eltern? Ist es nicht im aufreibenden Alltag völlig legitim, auch mal ein schnelleres Essen zuzubereiten? Es ist wichtig, dass der für das Essen Verantwortliche dafür sorgt, dass die täglichen Mahlzeiten der Familie gesichert sind. Sicherlich ist es auch wichtig und wünschenswert, dass diese überwiegend gesund und nahrhaft sind, dennoch müssen die hier geltenden Ansprüche sowohl auf den Geldbeutel als auch auf den verfügbaren Zeitrahmen angepasst werden. Prüfen Sie also für sich selbst, was für Sie machbar ist, und passen Sie zum Beispiel Ihren Essensplan, Putzplan oder Ähnliches an.

Versetzen Sie sich gelegentlich in die Rolle eines Gegenübers, wenn Sie über sich urteilen. In der Regel gehen wir mit unseren Mitmenschen wesentlich nachsichtiger um als mit uns selbst. Überlegen Sie, ob Sie Ihre Freunde oder Kollegen verurteilen würden für das, was Sie bei sich selbst so streng bewerten.

Es ist sehr hilfreich, wenn wir unsere Ansprüche von Zeit zu Zeit überdenken und uns vom selbst auferlegten Perfektionismus verabschieden. Niemand ist mit uns so streng wie wir selbst. Lernen wir also, etwas nachsichtiger zu sein und auch einmal stolz darauf zu sein, dass wir unser Bestes geben. Und vergessen Sie dabei nicht, dass das nicht immer perfekt, sondern auch hin und wieder einfach nur ausreichend sein kann.

Sicherlich bestehen hier in der Arbeitswelt andere Ansprüche und in der Regel ist es dann nicht immer ausreichend, etwas auch nur ausreichend zu tun, dennoch gibt es auch hier Möglichkeiten, den Zeitdruck zu reduzieren.

Prüfen Sie, ob jede E-Mail einer sofortigen Antwort bedarf oder sie überhaupt nur direkt gelesen werden muss. Können tatsächlich nur Sie allein bestimmte Aufgaben korrekt ausführen und zu Ihrer eigenen Zufriedenheit erledigen? Fragen Sie sich, ob Sie oftmals die Arbeit von Kollegen übernehmen, die diese nicht erledigen können oder wollen, vielleicht nur um beliebter zu sein, vielleicht um das Gefühl zu haben, unersetzbar zu sein? Es ist ein wichtiger Punkt zu erkennen, dass es sich lohnt, den eigenen Anspruch, überall gemocht zu werden, und die eigene Wichtigkeit auf den Prüfstand zu stellen.

Manchmal fallen der vermeintliche Nutzen und das gewünschte Ergebnis wesentlich geringer aus als der Einsatz von Energie und Zeit, die wir meist über einen sehr langen Zeitraum investieren. Gerade, dass Menschen im Berufsleben trotz unermüdlichem Einsatz und vieler Zusatzstunden meist nicht unersetzbar sind, muss so mancher bei einer unerwarteten Kündigung, Versetzung oder auch anhand fehlender Anerkennung schmerzlich erfahren.

Praxistipps:

- Reduzieren Sie die Häufigkeit Ihrer täglichen Aufgaben, wo immer es möglich ist.
- Fragen Sie sich, ob es von Zeit zu Zeit möglich ist, eine Aufgabe ausreichend zu erfüllen. Wäre auch weniger genug oder muss alles mit Bravour gemeistert werden?
- Seien Sie nachsichtig mit sich selbst. Das Ziel sollte niemals sein, in allen Bereichen perfekt zu sein.

- Werfen Sie einen Blick auf Ihren Anspruch an sich selbst im Berufsleben und fragen Sie sich, ob es Aufgaben gibt, die nicht zwingend in Ihren Bereich fallen.

Vielleicht gibt es nun Dinge, die Sie von Ihrer Liste streichen können. Bei einer meiner langjährigen Freundinnen war es tatsächlich das Bügeln von Handtüchern und der Unterwäsche, das vorher dafür sorgte, dass sie über ein Rendezvous mit dem Bügeleisen kaum hinauskam und die Berge von Wäsche ihr die Sicht versperrten.

Es könnte auch sein, dass Sie die Häufigkeit einer oder mehrerer Aufgaben reduzieren können und es so schaffen, 30 Minuten oder sogar mehr täglich einzusparen. Damit würden Sie es schaffen, sich so allein an den Werktagen zweieinhalb Stunden Zeit zu verschaffen, um in Ruhe Kaffee zu trinken, sich einem guten Buch zu widmen oder was immer Ihnen Freude macht.

Aufgaben planen und strukturieren

Vermutlich bleiben Ihnen auch nach Reduzierung Ihrer Aufgaben und Ansprüche noch eine Vielzahl an anstehenden Verpflichtungen und Erledigungen. Die oberste Priorität ist es nun, diese in ein adäquates Zeitmanagement zu packen. Nun gilt es in erster Linie, strukturiert vorzugehen.

SCHAFFEN SIE DIE VORAUSSETZUNGEN!

Es ist ganz einfach und doch so schwer, die notwendigen Voraussetzungen für einen strukturierten Alltag zu schaffen. Dabei ist es tatsächlich irrelevant, um welche Form der Arbeit es sich handelt, ob Freizeitgestaltung, Beruf, Familienleben oder Haushalt. Wichtig ist, dass wir uns bewusst machen, dass wir uns in vielen Fällen das Leben selbst erschweren. Es ist gleich, ob wir zu einem Fußballspiel wollen und zum Beispiel den Schlüssel nicht finden und dadurch in Stress geraten, ob wir eine wichtige Auswertung abgeben müssen und uns die dafür relevante Studie auf dem überfüllten Schreibtisch verloren gegangen ist oder ob uns schon wieder die Nudeln fürs Mittagessen fehlen und wir diese bei der netten Nachbarin gegenüber erbitten müssen und hierfür eine halbe Stunde ein Schwätzchen halten.

Die erste wichtige Regel lautet also: Räumen Sie auf! Alles hat seinen Platz! Sicherlich klingt das etwas abgedroschen und wahrscheinlich denken Sie sich, dass das ja gerade Ihr Problem ist und Sie ganz sicher keine Zeit zum Aufräumen haben. Aber, wenn wir uns das Ganze mal etwas genauer anschauen, stellen wir fest, dass wir unter Umständen in der Gesamtsumme mehr Zeit damit verbringen, unsere Schlüssel, Geldbeutel, Kugelschreiber und andere Alltagsgegenstände zusammenzusuchen, als es benötigen würde, diese regelmäßig an den dafür vorgesehenen Platz zu räumen. Wie viel einfacher wäre es, das, was wir brauchen, einfach zu nehmen, anstatt es zu suchen?

Haben Sie schon einmal in einer Küche gekocht, in der noch das schmutzige Geschirr vom Vortag steht? In der die Ablagen voll stehen mit unnötigem Krimskrams und Dingen, die Sie an dieser Stelle überhaupt nicht brauchen? Müssen Sie häufig erst einmal den Esstisch freiräumen, bevor es möglich ist, die Teller für das Abendessen aufzudecken? Oft räumen wir die Dinge dann von einer Stelle zur anderen. Es dauert in der Regel nicht lange, bis sie uns dann an dieser Stelle ebenfalls stören. Auf diese Weise nehmen wir so dieselben Gegenstände mehrfach in die Hand und verschwenden wertvolle Zeit mit ihnen.

Auch ist es sehr viel einfacher, an einem aufgeräumten Schreibtisch konzentriert zu arbeiten und den Überblick zu behalten. Es ist gut, wenn wir wissen, wo wir unsere notwendigen Arbeitsmittel finden und wir vor allem auch den Platz haben, um die jeweiligen Arbeiten auszuführen. Das gilt übrigens ebenso für E-Mail-Postfächer, Werkbänke, Firmenfahrzeuge und all die Arbeitsplätze dieser Welt, egal, in welcher Form sie bestehen. Übertragen Sie es auf Ihr eigenes Arbeitsumfeld und auf Ihre ganz persönlichen Gegebenheiten. Schaffen Sie Ordnung und sortieren Sie dabei gleich Unnötiges großzügig aus. Und vor allem: Geben Sie den anderen Dingen ihren Platz.

Machen Sie sich zum Beispiel die Mühe, unnötige E-Mails direkt zu löschen. Verschieben Sie diese, gerade im beruflichen Bereich, in entsprechende Ordner, sodass Sie sie schneller wiederfinden und bei Bedarf direkt darauf zugreifen können. Löschen Sie Newsletter, die Ihnen keinen Mehrwert bringen. Es ist einfacher und spart auf Dauer Zeit, wenn Sie einmal die Zustellungslöschung aktivieren, statt diese wiederkehrend zu empfangen und jedes Mal einzeln zu entfernen.

Der Mensch ist bekannterweise ein Gewohnheitstier und so ist es vermutlich anfänglich etwas anstrengend, auf Dauer aber jedoch effektiv und zeitsparend, die Dinge immer wieder an dieselbe Stelle zu legen.

Räumen wir also auf und schaffen wir die Voraussetzung für ein konzentriertes, zügiges und somit effektives Arbeiten.

Praxistipps:
- Ordnen Sie Ihre Arbeitsplätze, Ihre Postfächer und Schränke.
- Sortieren Sie regelmäßig aus und trennen Sie sich von unnötigen Dingen.
- Schaffen Sie feste Plätze für die gängigen Alltagsgegenstände, sowohl bei der Arbeit als auch zu Hause.

ROUTINE HILFT!

Eine weitere Voraussetzung, die Ihnen hilft, Ihre Abläufe zu vereinfachen, ist es, Routinen zu schaffen. Gerade, weil der Mensch ein Gewohnheitstier ist, ist es ein Vorteil, wenn regelmäßige Arbeiten in Rituale verpackt werden. Ich nenne Ihnen hierfür ein ganz banales Beispiel: Jeden Abend vor dem Schlafengehen schalte ich die Spülmaschine an und morgens, wenn ich aufstehe, mache ich mir einen Kaffee und räume in der Zwischenzeit die Spülmaschine aus. So stelle ich unter anderem sicher, dass ich am nächsten Morgen die benötigten Vesperdosen direkt greifbar zur Hand habe. Es gibt sehr viele Beispiele für solche Routinen. Finden Sie heraus, welche Tätigkeiten Sie immer wiederkehrend zur gleichen Zeit ausführen können und machen Sie Ihr ganz persönliches Ritual daraus. Vielleicht ist es auch die Waschmaschine oder etwas anderes, das Sie gern vergessen einzuschalten, oder der Einkauf, den Sie an einem bestimmten Tag auf dem Nachhauseweg von der Arbeit erledigen. Erstellen Sie für solche Tätigkeiten Abläufe, die zur Regelmäßigkeit werden, und Sie werden sehen, dass es seltener vorkommt, dass Sie solche Aufgaben vergessen.

Wenn Sie Kinder haben und nicht nur dafür Sorge tragen müssen, dass Sie selbst morgens pünktlich das Haus verlassen, sind solche Routinen eine großartige Hilfestellung. Gerade Kinder fühlen sich durch solche wiederkehrenden Abläufe sicherer. Legen Sie zum Beispiel bereits am Vorabend die Kleidung für den nächsten Tag gemeinsam zurecht. Das sorgt zum einen dafür, dass Sie morgens nicht alles unter Zeitdruck zusammensuchen müssen, aber auch, dass die zusammen ausgewählten Kleidungsstücke nicht so schnell für Unmut beim Anziehen sorgen. Wer Kinder hat, kennt wahrscheinlich auch die Situationen, an denen die Lieblingshose in der Wäsche ist oder der bereits häufig getragene Pullover plötzlich kratzt oder einfach nur vermeintlich hässlich ist. Wenden Sie jedoch das angesprochene Ritual an, so kann sich das Kind auf die jeweilige Situation einstellen und selbst Teil der Entscheidung sein und somit auch besser damit einhergehen.

Auch für sich selbst lohnt es sich, darüber nachzudenken, ob es hilfreich sein könnte, die Kleidung für den nächsten Tag vorzubereiten. Vielleicht merken auch Sie, dass die geplante Bluse oder das Hemd nicht gebügelt ist und Sie hier eine andere Wahl treffen müssen. Das fällt am Vorabend wahrscheinlich um einiges leichter als am frühen Morgen, wenn vielleicht alles in Hektik ist.

Schauen Sie sich also Ihren Alltag an und überlegen Sie, welche Situationen Sie durch ein Ritual entschärfen könnten. Es ist so viel einfacher, wenn Sie bestimmte wiederkehrende Tätigkeiten automatisieren und in Zukunft weniger Zeit damit verbringen, über diese nachzudenken.

Bei der konsequenten Umsetzung dieser Routinen gibt es zweierlei Vorteile: Zum einen schützen wir uns davor, diese Erledigungen zu vergessen, weil sich mit der Zeit eine Art Automatismus einstellt, zum anderen brauchen wir für die Tätigkeit selbst oftmals weniger Zeit, weil diese regelmäßigen Abläufe sozusagen eingeübt sind und meist schneller von der Hand gehen.

Praxistipps:

- Geben Sie mindestens drei täglichen Abläufen Routine.

- Beziehen Sie Ihre Familie in solche Abläufe ein, um wiederkehrende Stresssituationen zu entschärfen.

STRUKTUR DURCH PRIORISIE-RUNG

Auch, wenn die vorangegangenen Tipps durchaus bereits Teil einer Gesamtstruktur sind, so ist es zwingend erforderlich, ganz gezielt eine Strukturierung der einzelnen Aufgaben vorzunehmen.

Hierzu ist eine entsprechende Priorisierung sozusagen unerlässlich. Ziel ist es, die jeweiligen Aufgaben nach Wichtigkeit und Dringlichkeit zu ordnen und diese Ordnung als Entscheidungsgrundlage für die zu verrichtenden Abläufe heranzuziehen. Es gibt bereits eine Menge verschiedener Zeitmanagement-Methoden und es ist leider nicht möglich, an dieser Stelle auf jede im Einzelnen einzugehen. Eines jedoch haben alle Methoden gemeinsam: Sie sind dazu gedacht, Ihre Aufgaben sinnvoll zu priorisieren und damit zu strukturieren.

Sie können Ihre persönliche Einteilung zum Beispiel an der ABC-Analyse nach H. Ford Dickie aus dem Jahr 1951 aus seinem Artikel „ABC Inventory Analysis Shoots for Dollars, not Pennies" ausrichten. Eine anschauliche Übersicht und Erklärung dieser Methode gibt unter anderem das Portal Studyfix im Bereich Wirtschaft.

Diese Methode lässt sich auf unterschiedliche Bereiche übertragen und kann nicht nur im betriebswirtschaftlichen Sinne angewendet werden. In groben Zügen erklärt, werden dabei die relevanten Bereiche, in unserem Fall somit die anstehenden Tätigkeiten, bestimmten Gruppen zugeteilt. Diese werden nach A, B und C benannt und nach der Wichtigkeit sortiert. A entspricht in diesem Falle der Kategorie „Sehr wichtig", B „wichtig" und C „weniger wichtig".

Sie können mit dieser Methode berufliche, aber auch private Verpflichtungen und Aufgaben einteilen.

In manchen Fällen kann es auch hilfreich sein, sich eine oder zwei weitere Kategorien anzulegen und hier Themengebiete unterzubringen, die die weniger wichtigen Aufgabenfelder noch einmal unterteilt. Das ermöglicht Ihnen gegebenenfalls, leichter herauszufiltern, welchen Verpflichtungen aus der ursprünglichen C-Kategorie Sie am ehesten nachkommen sollten.

Sehen Sie sich nun also an, was auf Ihrer Aufgabenliste steht, und nehmen Sie die entsprechende Einteilung vor. Achten Sie jedoch darauf, dass nicht aus fehlgeleitetem Pflichtbewusstsein plötzlich nahezu alle Arbeiten in der A-Kategorie ihren Platz finden. Grundlegend für die Einteilung ist es, die daraus entstehenden Konsequenzen zu überdenken.

Lassen Sie mich das erneut anhand eines einfachen alltäglichen Beispiels erklären:

Ihnen obliegt die Verantwortung für das Essen der Familie. Das ist ohne Frage eine sehr wichtige Aufgabe, die zweifelsohne auch täglich anfällt und nicht einfach in die Kategorie C verschoben werden kann. Auf die Ausführung und Intensität dieser Aufgabe gehe ich zu einem späteren Zeitpunkt noch einmal ein. Die Tatsache jedoch, dass Ihre Familie täglich etwas zu Essen benötigt, ist erst einmal unumstritten. Die Konsequenz wäre, wenn Sie hier eine Einordnung in Gruppe C vornähmen und das Essen somit unter Umständen mehrere Tage infolge ausfallen würde, dass alle hungrig blieben und es dauerhaft zu massiven gesundheitlichen Beeinträchtigungen kommen könnte. Die Verpflichtung, für Essen zu sorgen, ist also in diesem Fall in der Gruppe A richtig platziert.

Nehmen wir hingegen wieder einmal das Bügeln Ihrer Kleidung als Beispiel: Hier würde ich es sogar wagen, Ihnen eine Einteilung in der C-Kategorie nahezulegen. Sicherlich ist es nicht sinnvoll, bei einem Meeting mit einem wichtigen Geschäftspartner im zerknitterten Hemd aufzutauchen, dennoch bin ich mir sicher, dass Sie nicht nur eines der benötigten Kleidungsstücke im Schrank haben und somit problemlos auf ein anderes ausweichen könnten. Der Vorgang des Bügelns wäre somit nicht ganz so wichtig und kann auf einen anderen Zeitpunkt verschoben werden. Auch hier werde ich zu einem späteren Zeitpunkt noch einmal näher auf die Details der Tätigkeitsausführung kommen.

Dieselbe Vorgehensweise empfiehlt sich bei allen anderen Anforderungen des täglichen Lebens. Sehen Sie sich Ihr E-Mail-Postfach an und teilen Sie in Kategorien ein, mit welcher Wichtigkeit Sie sich der Beantwortung widmen. Fragen Sie sich, ob es wichtiger ist, einen abschließenden Vertrag für einen großen Auftrag fertigzustellen und zu versenden oder den Stand der Stromzähler zu übermitteln. Macht es Sinn, zuerst die Gehälter der Angestellten zu überweisen oder die anstehende Weihnachtsfeier zu planen? Sie sehen, es gibt eine Vielzahl von Entscheidungen, die zu treffen sind. Gehen Sie mutig an die Sache heran und trauen Sie sich, eine Anforderung auch einmal etwas weniger wichtig zu bewerten.

Vielleicht hilft es Ihnen zu wissen, dass Ihnen mit der Zeit die Priorisierung von Aufgaben leichter und schneller gelingen wird. Auch hier stellt sich ein Automatismus ein, der gerade bei wiederkehrenden Aufgaben direkt greift. Aber auch bei neuen Herausforderungen wird Ihnen die geschaffene Basis und die damit verbundene Übung helfen, dass Sie sicherer und zügiger entscheiden können.

Haben Sie sich nun heimlich gefragt, was denn passiert, wenn Sie es immer nur schaffen, die Gruppen A und vielleicht gerade noch B zu bearbeiten? Bleibt dann die Bügelwäsche für immer liegen und wird der Strom am Ende vom Anbieter geschätzt, weil Sie den richtigen Zeitpunkt verpasst haben, die Zählerstände zu übermitteln?

Sicherlich wäre das auf Dauer auch keine zufriedenstellende Lösung und würde im Endeffekt nur eine Verschiebung des Zeitproblems bedeuten. Deshalb müssen Sie wissen, dass es einen Zeitpunkt gibt, an dem bestimmte Aufgaben der Gruppe C durchaus weiter nach oben rutschen können. So sollten hier natürlich bestimmte Abgabefristen berücksichtigt werden oder natürlich auch, dass sich irgendwann keine Kleidung mehr im Schrank befinden wird, wenn man sich nicht von Zeit zu Zeit um Waschen und Bügeln kümmert. Ab diesem Moment gewinnen auch die weniger wichtigen Aufgaben an Priorität und drängen auf Erledigung.

Trotz aller Widrigkeiten: Bleiben Sie konsequent und halten Sie sich daran, die priorisierten Aufgaben in ihrer Reihenfolge abzuwickeln.

Praxistipps:

- Überlegen Sie, welche Gruppenaufteilung für Sie sinnvoll ist.

- Gehen Sie bei der Einteilung mutig vor und haben Sie auch einmal „Mut zur Lücke": Weniger wichtige Aufgaben müssen bei Bedarf zurückgestellt werden.

- Das Hinzuziehen möglicher Konsequenzen hilft Ihnen bei der Kategorisierung.

- Überprüfen Sie trotzdem regelmäßig kurz die weniger wichtigen Aufgaben, ob diese zwischenzeitlich einer höheren Priorität zugeführt werden müssen.

Wenn Sie nun erfolgreich die entsprechenden Priorisierungen vorgenommen haben, widmen wir uns einem weiteren wichtigen Punkt: der richtigen Planung!

STRUKTUR DURCH PLANUNG

Es hilft uns nicht, das viel beschriebene Mittagessen nach Wichtigkeit A zubereiten zu wollen, wenn uns hierzu die Zutaten fehlen. Oder wir wissen erst gar nicht, was wir eigentlich kochen wollen, und müssen nun wichtige Zeit für Überlegungen aufwenden. Es ist also von hoher Wichtigkeit, dass sämtliche Vorgänge entsprechend geplant werden.

Bleiben wir noch einmal beim Essen. Typ-bedingt variiert hier die Vorgehensweise ebenso wie bei vielen anderen Abläufen. Eines jedoch sollten Sie sich unbedingt aneignen: Erstellen Sie einen Essensplan! Unabhängig davon, ob es Ihnen sympathischer ist, einen Wochenplan festzulegen oder gar einen Plan für den ganzen Monat. Hilfreich ist es, wenn Sie nicht allein sind, die Mitglieder Ihrer Familie einzubeziehen. Lassen Sie jeden ein Wunschessen nennen und prüfen Sie, an welchen Tagen dieses umsetzbar ist und was Sie dafür brauchen. Bereits der Einkauf nach einem solchen Plan ist einfacher, schneller und meist sogar günstiger, weil man nicht wahllos Lebensmittel mitnimmt, die dann später vielleicht sogar verderben. Ich selbst habe zum Beispiel eine ganze Liste mit Essen, die wir in regelmäßigen Abständen kochen. Deshalb nutze ich eher einen Plan, der sich über zwei oder gar vier Wochen erstreckt und sich nach einem solchen Zeitraum problemlos wiederholen lässt. Vielleicht können der Partner oder bereits ältere Kinder bei der Erstellung einer solchen Planung helfen. Auch hier bedeutet das am Anfang Mehrarbeit und Zeitaufwand, aber der Gewinn für den Alltag ist nahezu unbezahlbar.

Es gibt nicht die eine absolut Heil-bringende Lösung, die für alle richtig ist. Deshalb macht es in erster Linie Sinn, sich Vorschläge anzuschauen und diese gegebenenfalls umzuwandeln oder anzupassen. Stellen Sie sich also vor, Sie hätten einen Monatsplan. Er würde ca. 30 Mahlzeiten enthalten. Möglicherweise wäre das Ganze in einer Excel-Tabelle oder Ähnlichem erfasst. Zu jeder Mahlzeit wären die jeweils notwendigen Zutaten in einer separaten Spalte erfasst und am besten auch die Stelle, an der Sie die Zubereitungshinweise finden. Das würde bedeuten, dass Sie sich jederzeit diese Liste zur Hand nehmen könnten und daraus die Mittagessen der kommenden Woche entnehmen könnten. Sogar die Einkaufsliste wäre hierfür bereits berücksichtigt und Sie müssten nicht in sämtlichen Büchern oder Screenshots von Rezepten nach den Anleitungen suchen. Sie selbst haben es in der Hand, über welche Zeitabschnitte Sie planen wollen und ob Sie nach und nach diese Gesamtliste um weitere Essen ergänzen wollen. Mit kleinem Aufwand können Sie diese sogar in die Kategorien schnell, aufwendig und sehr zeitintensiv unterteilen. Sie müssten nicht mühevoll am Wochenende planen, was Sie in der kommenden Woche essen wollen und welche Zutaten für die jeweiligen Gerichte benötigt werden. Sie hätten sogar den Aufwand nur ein einziges Mal, den Einkaufszettel für ein gewähltes Rezept zu schreiben, und könnten ihn bei Bedarf jederzeit abrufen.

Daneben ist es natürlich ebenso sinnvoll, sich eine passende Vorratshaltung zuzulegen. Jede noch so gute Planung kann unvorhergesehener Weise über den Haufen geworfen werden. Vielleicht muss man durch das Verrutschen der Prioritäten den Einkauf um einen oder zwei Tage verschieben. Vielleicht ist ein Kind krank geworden oder man selbst. Dann ist es hilfreich, wenn man für ein paar Tage haltbare Lebensmittel im Vorratsschrank vorhält, aus denen man kurzfristig ein entsprechendes Mittagessen zaubern kann. Hierfür eignen sich natürlich wunderbar Nudeln und

Pesto, aber auch Tiefkühlgemüse, das übrigens weitaus besser ist als sein Ruf, oder notfalls gefrorene Gerichte wie zum Beispiel Maultaschen oder Fisch. Bei mir persönlich sind es auch immer die Kartoffeln, die bei der Vorratshaltung nicht fehlen dürfen. Selbstverständlich gibt es heutzutage auch Apps, die Ihnen bei der Essensplanung helfen können und Einkaufsapps, die Sie bei Bedarf unterstützen können. Gerade das Einkaufen und das Zubereiten von Mahlzeiten ist im Alltag oftmals sehr zeitintensiv und kann mit ein paar wenigen Maßnahmen durchaus optimiert werden.

Halten Sie an einer sichtbaren Stelle, bei mir ist es mit einem Magneten am Kühlschrank, einen Einkaufszettel bereit. Tragen Sie Artikel, die ausgehen oder fehlen, direkt ein und motivieren Sie regelmäßig Ihre Mitbewohner, das ebenfalls zu tun. Das spart oftmals die Zeit, krampfhaft über einzelne Haushaltsartikel nachzudenken und den Bestand zu prüfen und schützt natürlich auch davor, diese komplett zu vergessen.

Machen Sie einen Putzplan. Beziehen Sie andere ein und verteilen Sie die Aufgaben. Schreiben Sie es auf und hängen Sie den Plan gut sichtbar für alle auf. Auch, wenn Sie allein für den Haushalt zuständig sind und die Aufgaben mit niemandem teilen können: Schreiben

Sie sie auf und ordnen Sie bestimmten Zeiten zu. Planen Sie alle Tätigkeiten ein. Über die Häufigkeit haben wir ja bereits gesprochen. Auch, wenn Sie diese bereits reduziert haben, empfiehlt es sich, bestimmte Tätigkeiten zu bündeln. Waschen Sie nicht täglich, sondern an bestimmten Tagen. Das sorgt dafür, dass die Waschmaschine entsprechend gefüllt ist. Sie waschen so vielleicht zweimal in der Woche eine jeweils volle Maschine statt drei- oder viermal eine halbe. Das spart sowohl Zeit für das Sortieren und Aufhängen als auch Energie.

Gehen Sie an bestimmten Tagen einkaufen. Meist empfiehlt es sich, das nicht auf einen Freitag oder Samstag zu legen, sondern auf einen anderen Wochentag. Wenn es Ihnen möglich ist, planen Sie das so ein. Machen Sie lieber einen größeren Wocheneinkauf nach Essensplan als mehrere kleine. Die Wartezeiten an der Kasse summieren sich ebenso wie das Gespräch mit dem Nachbarn an der Gemüsetheke. Sie werden sehen, dass Sie so jede Menge Zeit einsparen, die Sie sonst mit der Parkplatzsuche, dem Einkaufsvorgang im Allgemeinen und dem Ausladen verbringen. Außerdem sind solche Großeinkäufe nach Plan meist sehr viel günstiger, allein, weil man nicht ganz so oft in der Woche der Versuchung unterliegt, etwas außer der Reihe mitzunehmen.

Gehen wir nun auch in andere Bereiche. Sie können den wichtigen Vertrag nicht ausdrucken und unterschreiben, wenn Ihnen die Druckerpatrone oder gar das Papier ausgeht. Denken Sie auch hier daran, dass Sie beim Einlegen der Patrone oder dem Öffnen des letzten Kartons Papier diese Artikel direkt auf die Einkaufsliste setzen oder zumindest einen Hinweis an eventuell zuständige Mitarbeitende geben. Prüfen Sie rechtzeitig, ob alle erforderlichen Unterlagen oder Materialien für den anstehenden Auftrag vorhanden sind, damit Sie dann wie geplant damit starten können.

Sie sehen, dass es äußerst wichtig ist, den Überblick zu behalten, welche Anforderungen anstehen, und ebenso wichtig zu planen, was Sie dafür brauchen. Nur so können ärgerliche Zeitverzögerungen vermieden werden und effizientes Arbeiten ist so überhaupt erst möglich.

Besonders hilfreich kann die Erstellung einer To-do-Liste sein, bevor Sie aktiv mit der Arbeit beginnen. Schreiben Sie am Morgen auf, was Sie sich für den jeweiligen Tag vornehmen. Haken Sie im Laufe des Tages alle erledigten Vorhaben ab. Richten Sie dabei immer wieder den Blick auf das, was Sie bereits geschafft haben, und feiern Sie Ihre Erfolge. Solche To-do-Listen können uns nicht nur bei der Alltagsplanung helfen, sie unterstützen uns darin, unseren Fokus und den Überblick zu erhalten. Ziehen Sie außerdem neue Motivation aus dem bereits Erreichten.

Vermutlich sehen Sie mit all diesen Änderungen einen weiteren Berg vor sich, den Sie nun kaum zu bewältigen glauben. Haben Sie Geduld mit sich selbst, aber zwingen Sie sich trotzdem, einen Schritt nach dem anderen zu gehen. Das erreichte Ziel wird Sie dafür am Ende entlohnen. Sie werden von Woche zu Woche mehr Entlastung in Ihrem Alltag finden. Für viele Veränderungen müssen Sie am Anfang mehr Zeit aufwenden, danach aber umso weniger.

Praxistipps:

- Machen Sie Wochenpläne oder Monatspläne für regelmäßige Aufgaben im Haushalt (Essensplan, Putzplan etc.)

- Sorgen Sie für eine richtige Vorratshaltung privat, aber auch beruflich.

- Überlegen Sie rechtzeitig, was Sie für Ihr jeweiliges Vorhaben benötigen, und sorgen Sie dafür, dass es Ihnen zur Verfügung steht, wenn Sie damit starten wollen.

- Erstellen Sie sich täglich eine To-do-Liste mit den jeweiligen Tageszielen.

- Arbeiten Sie Tagesziele bewusst ab und richten Sie den Fokus auf Ihre Erfolge.

DELEGIEREN SIE!

Ein Teil der Planung Ihrer Abläufe sollte sich damit befassen, bestimmte Dinge zu delegieren. Um diesen sehr wichtigen Faktor hervorzuheben, möchte ich diesen Teil hier separat ausführen. Auch, wenn er streng genommen bereits direkt zum eigentlichen Planungsvorgang gehört.

All die Aufgaben, die Sie im privaten und beruflichen Alltag zu bewältigen haben, sind Ihnen vermeintlich zugeordnet. Vielleicht haben Sie oder auch andere die Meinung, dass diese ausschließlich von Ihnen oder zumindest am besten von Ihnen persönlich erledigt werden können.

Es lohnt sich, das mit einem prüfenden Blick zu betrachten. Kein Mensch dieser Welt kann alles zu jeder Zeit allein und noch dazu am besten perfekt fertigstellen. Wir unterliegen so vielen Anforderungen in Haushalt, Familie und Beruf, ja, sogar in unserer Freizeitgestaltung, dass es unmöglich ist, wirklich ALLES selbst zu erledigen. Überlegen Sie also ganz genau, welche Aufgaben Sie an andere übertragen können.

Nehmen Sie also die Menschen ins Boot, die in Ihren Zuständigkeitsbereich fallen. Das sind im beruflichen Bereich natürlich in erster Linie Kollegen oder Ihnen untergeordnete Mitarbeitende. Lernen Sie, Verantwortung abzugeben. Auch andere verdienen vielleicht die Chance, Aufgaben erfolgreich abschließen zu können.

Seien Sie sich sicher: Der Erfolg eines anderen schmälert nicht Ihren eigenen Wert. In dem

Moment, in dem Sie die Verantwortung für einzelne Bereiche weitergeben, ist es wahrscheinlicher, dass Sie die Aufgaben, die Sie selbst ausführen, gründlicher und konzentrierter abwickeln und somit mit größerem Erfolg zu Ende bringen können.

Die Bildung von Teams und eine qualitativ hochwertige Führung von Mitarbeitenden setzen voraus, dass Kompetenzen abgegeben oder verteilt werden. Hierbei ist vor allem eine gute Kommunikation zielführend. Zum einen ist die Weitergabe von Informationen von Ihrer Seite wichtig, damit der mit der Aufgabe Betraute diese zu Ihrer Zufriedenheit erfüllen kann, zum anderen möchten Sie selbst natürlich gut informiert sein über den Stand der Dinge. Deshalb lohnt es sich grundsätzlich, eine vertrauensvolle und kommunikationsstarke Zusammenarbeit aufzubauen. Auch hier gilt, dass sich der anfängliche Mehraufwand lohnt, um langfristig Aufgaben mit einem guten Gefühl an andere übergeben zu können.

Im privaten Bereich ist es ähnlich. Trauen Sie Ihrer Familie mehr zu und vor allem **muten** Sie ihnen mehr zu! Vor allem Kinder werden in ihrem Selbstbewusstsein gestärkt, wenn sie altersgerechte Aufgaben meistern dürfen. Sie gewinnen so an Selbstvertrauen, da sie feststellen, dass sie manches allein und ohne Hilfe können. Außerdem werden sie selbstständiger und fühlen sich wichtig und ernst genommen als Teil ihrer Familie. Sie lernen, was es bedeutet, in einem Team verantwortlich zu sein, und werden so an künftige Aufgaben langsam herangeführt.

Auch ein Partner oder Mitbewohner kann einen wichtigen Teil übernehmen. Sprechen Sie miteinander und versuchen Sie, bestimmte Aufgaben aufzuteilen. Es hilft meist schon, wenn man nicht mehr das Gefühl hat, sich allein um alles kümmern zu müssen und der Kopf dadurch etwas freier wird. Vielleicht ist es der Müll, den der andere künftig wegbringt, oder es ist die Spülmaschine, die ausgeräumt wird. Manchmal ist es eine große Entlastung, wenn der andere auf dem Heimweg die Einkäufe mitbringt, während man selbst schon die ersten Vorbereitungen für ein gemeinsames Abendessen treffen kann.

Sie sehen also, die Aufgaben sind vielfältig. Prüfen Sie, wie viel Zeit jeder von Ihnen täglich zur Verfügung hat und wo es möglich ist, einzelne Verantwortlichkeiten für Kleinigkeiten zu übernehmen. In der Summe macht es für Sie einen gewaltigen Unterschied. Angenommen, Sie führen einen Haushalt mit vier Personen und jeder der drei anderen nimmt Ihnen täglich fünfzehn Minuten Arbeit ab, das ist für den einzelnen nicht viel, für Sie aber täglich ein Zeitgewinn von 45 Minuten.

Nicht immer ist es der Partner, die Kinder oder die Mitarbeitenden im Betrieb, die uns unterstützen können. Manchmal hilft es auch, bestimmte Tätigkeiten komplett abzugeben. Das ist ein sehr individuelles Thema, das unter anderem durch die unterschiedliche Gewichtung der Prioritäten beeinflusst werden kann, aber unter Umständen auch durch ein höheres oder schmaleres Budget.

Mit etwas mehr finanziellem Background ist es natürlich möglich, sich für bestimmte Haushaltstätigkeiten wie vielleicht das Putzen stundenweise eine Hilfe zu organisieren. Auch könnten Sie beispielsweise Ihre Hemden und Blusen in eine entsprechende Reinigung bringen.

Eventuell besteht sogar die Möglichkeit, dass Sie, Ihr Partner oder die Kinder in der Kantine, beziehungsweise der Schule das Mittagessen einnehmen können. Solche Entscheidungen müssen sehr individuell abgewogen und getroffen werden. Zum einen bietet nicht jede Arbeitsstelle diese Möglichkeit an und zum anderen ist auch die Qualität des Essens nicht überall gleichwertig. Jedoch ist es eine vieler Möglichkeiten, die Sie in Betracht ziehen können. Damit Sie Ihr Leben wieder selbst in die Hand nehmen und selbstbestimmt über Ihre Zeit verfügen können, müssen Sie die verschiedenen Lösungsansätze anschauen und prüfen, ob sie sich auf Ihren Bereich übertragen lassen.

Für verschiedene Anlässe wäre es vielleicht sinnvoll, auch ein- oder zweimal pro Woche einen Babysitter für Sie einspringen zu lassen, oder Sie haben die Möglichkeit, die Großeltern einzuspannen. Sicherlich plädiere ich nicht dafür, die Kinder permanent in Hort oder andere Betreuungsformen abzugeben, aber zu gewissen Zeiten ist es meines Erachtens sinnvoll. Es ist im Endeffekt doch besser, seinen Verpflichtungen konzentriert nachkommen zu können und diese möglicherweise früher zu beenden und im Anschluss qualitativ Zeit mit der Familie zu verbringen, als parallel beidem gerecht werden zu müssen und für nichts wirklich die notwendige Zeit aufzubringen.

Im beruflichen Umfeld ist es ebenfalls möglich, verschiedene Lösungsansätze zu suchen. Auch hier spielen die gegebenen Voraussetzungen eine große Rolle. Wenn Sie selbst in der Lage sind, gewisse Entscheidungen zu treffen und die Budgetverantwortung dafür zu tragen, dann ist es lohnenswert, zu überdenken, wo vielleicht Entlastung für Sie selbst oder auch Ihre direkten Mitarbeitenden erzielt werden kann. Das kann sowohl die studentische Hilfskraft sein, die bei der Digitalisierung der Ablage, beim Versand von Unterlagen oder Kopiertätigkeiten unterstützt, als auch eine andere Aushilfe, die bestimmte wiederkehrende Aufgaben übernimmt. Auch bei größeren Projekten, die kurzfristig anstehen, kann eine helfende Hand zuarbeiten. Prüfen Sie, ob alle Mitarbeiter ausgelastet sind und Ihren Fähigkeiten entsprechend eingesetzt werden. Sie finden keine Zeit, jemanden einzustellen oder Umstrukturierungen vorzunehmen? Hier gilt dasselbe wie im privaten Bereich: Ein kurzzeitiger Mehraufwand, der gezielt vorgenommen wird, lohnt sich, um langfristig für Entlastung zu sorgen.

Wenn Sie selbst nicht in der glücklichen Position sind, solche Entscheidungen eigenständig treffen und umzusetzen zu können, ist es einen Versuch wert, die

Situation anzusprechen, um Kollegen oder Vorgesetzte darauf aufmerksam zu machen. Wenn Sie eine konkrete Ausführung der Problematik darstellen können und nicht der Eindruck entsteht, dass Sie einfach nur Ihre Unzufriedenheit kundtun möchten, ist die Chance um einiges größer, dass Sie eingeforderte Unterstützung erhalten. Vielleicht in Form einer Person, die Ihnen einen Teil der Arbeit abnehmen kann, vielleicht bekommen Sie aber auch einfach etwas mehr Zeit, um etwas fertigzustellen.

Sie sehen, dass es ein großer Teil Ihres Zeitmanagements ist, die Aufgaben selbst zu priorisieren und zu planen, aber diese auch entsprechend zu delegieren und Verantwortlichkeiten abzugeben.

Praxistipps:

- Beziehen Sie Ihre Familie, wenn möglich, in die Planung von Aufgaben und Listen ein. Sowohl bei der Gestaltung als auch bei der Durchführung dieser.
- Prüfen Sie die einzelnen Aufgaben dahin gehend, wem Sie diese, außer sich selbst, zutrauen möchten.

- Sprechen Sie es an, wenn Sie die Ihnen zugeordneten Pflichten nicht allein bewältigen können.
- Schenken Sie Ihren Mitmenschen Vertrauen und übergeben Sie gezielt Verantwortlichkeiten!
- Übertragen Sie Aufgaben direkt an eine bestimmte Person.
- Nehmen Sie angebotene Hilfe an und seien Sie nicht zu stolz dafür!

AUFGABEN NACHVERFOLGEN!

Es ist ein großer persönlicher Erfolg, wenn Sie es geschafft haben, bestimmte Aufgaben anders zu organisieren, indem Sie die Verantwortlichkeiten abgegeben haben. Wenn Sie diese nicht wahllos im Raum stehen lassen, sondern gezielt einer bestimmten Person zuordnen, stellen Sie damit sicher, dass nicht jeder denkt, ein anderer übernimmt den Vorgang. Der direkt Beauftragte fühlt sich dann auch entsprechend verantwortlich.

Nicht minder wichtig ist es nun, den Überblick zu behalten. Ziel Ihres Zeitmanagements und der neu gewonnenen Struktur ist es schließlich, dass Sie dauerhaft wieder an einen Punkt kommen, an dem Sie Ihr

Leben im Griff haben. Die unüberwindbar scheinenden Berge sollen schließlich mit gezielten Wegen zum Ziel versehen werden. Es wäre nicht hilfreich, wenn Sie sich nun auf halber Strecke, am Fuße des Berges, in Irrwegen verlaufen.

Wie können Sie also vermeiden, dass Ihnen die abgegebenen Aufgaben aus der Hand gleiten? Würde das nämlich geschehen, wäre die Gefahr groß, dass Sie im Endeffekt schlechter dastehen, als hätten Sie diese von Anfang an selbst erledigt.

Das strikte Einhalten der persönlichen Zuordnung von Verantwortlichkeiten ist somit nur ein Teil des Delegierens. In der Folge müssen wir uns also die Mühe machen, auch nachzuverfolgen, ob die anstehenden Verpflichtungen richtig und fristgemäß eingehalten werden. Trotzdem ist dieser Aufwand im Allgemeinen sehr viel geringer als die persönliche Übernahme desselben.

Um eine Nachverfolgung überhaupt erst möglich zu machen, ist immer sinnvoll, die Übergabe einer Verantwortlichkeit auch entsprechend schriftlich zu fixieren. Das kann im Privatleben zum Beispiel auf einem erstellten Putzplan oder Ähnlichem sein. Im beruflichen Bereich bieten sich hier zum Beispiel Protokolle oder eine entsprechende E-Mail an, die natürlich so abgelegt sein sollte, dass Sie sie bei Bedarf wiederfinden.

Bei termingebundenen Verpflichtungen empfiehlt es sich dringend, diese auf Wiedervorlage zu legen. Wählen Sie hierfür eine für Ihre Bedürfnisse bestmöglich passende Vorgehensweise. Arbeiten Sie zum Beispiel täglich mit Computer oder Laptop, so ist wahrscheinlich die Verwendung von entsprechenden gängigen Programmen sinnvoll. Im Privatbereich hingegen gibt es auch die Möglichkeit, Papier-basierte Kalender oder Ihr Smartphone zu verwenden.

Setzen Sie Termine zur Nachverfolgung nicht zu knapp, sodass notfalls die Option besteht, rechtzeitig entsprechend einzuwirken oder selbst einzugreifen.

Achten Sie bei all Ihrem Tun stets auf die Wichtigkeit der Vorgänge. Es gibt Termine, die dringend eingehalten werden müssen, aber nicht jede Aufgabe muss natürlich mit einer Wiedervorlage versehen werden. Sicherlich müssen Sie keinen Termin erstellen, um zu überprüfen, ob der Müll vom Partner oder den Kindern weggebracht wurde. Hier empfiehlt es sich aber möglicherweise, eine regelmäßige Erinnerung einzurichten, sodass der dafür Verantwortliche nicht vergisst, die Mülltonne herauszustellen, wenn die Entsorgung des Haushaltsmülls ansteht. Eine solche Erinnerung kann derjenige meist aber auch für sich selbst einrichten.

Je häufiger Sie Aufgaben an jemanden delegieren und die entsprechende Nachverfolgung dabei ergibt, dass alles zu Ihrer Zufriedenheit läuft, desto größer wird das Vertrauen in die jeweilige Person. Mit der Zeit wird sich auch dieser Aufwand mehr und mehr für Sie lohnen und Sie müssen immer weniger Energie in kontrollierende Handlungen investieren. Mit wachsendem Vertrauen können Sie auch die Bedeutsamkeit der Anforderungen steigern.

Das Wort Kontrolle an sich mag unschön klingen und die Durchführung anfangs etwas unangenehm erscheinen, dennoch: Lassen Sie sich nicht beirren! Kontrollierende Handlungen müssen schließlich nicht in einem Übermaß stattfinden und können durchaus so verpackt werden, dass es dem Betreffenden nicht als unmittelbarer Vertrauensentzug anmutet. Zeigen Sie ehrliches Interesse am Stand der Dinge und fragen Sie nach, ob die notwendigen Voraussetzungen gegeben sind, um die von Ihnen übertragene Aufgabe vernünftig abwickeln zu können.

Werden regelmäßig bestimmte Tätigkeiten gar nicht oder nicht in Ihrem Sinne ausgeführt, suchen Sie das Gespräch. Finden Sie heraus, ob es den Kompetenzen des Gegenübers entspricht, diese Verantwortung zu übernehmen. Ist es dem anderen überhaupt möglich, mit seinem Können die angedachte Tätigkeit auszuführen? Mangelt es in irgendeiner anderen Form an den notwendigen Voraussetzungen hierfür? Unter Umständen kann es erforderlich sein, eine Neuverteilung der Aufgabe in Erwägung zu ziehen. Manchmal reicht es jedoch auch schon aus, die Gegebenheiten etwas zu verändern, um eine bessere Grundlage zu schaffen.

Liegen keine nachvollziehbaren Gründe vor und haben Sie den Eindruck, dass die mangelhafte oder fehlende Ausführung auf Bequemlichkeit zurückzuführen ist oder das Gegenüber einfach keine Lust hatte, ist es mit ziemlicher Wahrscheinlichkeit notwendig, im Rahmen der Möglichkeiten angemessene Konsequenzen einzurichten.

Im beruflichen Rahmen könnte dies in schwerwiegenderen Fällen bedeuten, dass eine Abmahnung ausgesprochen werden muss. Meist trägt jedoch in erster Linie ein konstruktives Gespräch zu der Lösung solcher Situationen bei.

Bei Kindern verhält es sich oftmals etwas anders. Selbstverständlich sollte auch hier ein altersgemäßes Gespräch der erste Lösungsansatz sein. Es gibt jedoch Fälle, bei denen diese Maßnahme leider nicht ausreicht. Vielleicht versteht das Kind aber, dass eine unerledigte Aufgabe bedeutet, dass Sie diese selbst ausführen müssen und dadurch weniger Zeit für gemeinsame Unternehmungen haben, oder Sie versuchen, den Sprössling über ein vereinbartes Belohnungssystem zu motivieren. Sammeln Sie Smileys oder Aufkleber, setzen Sie Zielvorgaben, mit denen eine Kleinigkeit als Belohnung erarbeitet werden kann oder noch besser: besondere Qualitätszeit. Suchen Sie sich aus der Vielfalt der Möglichkeiten aus, was Ihnen und Ihrem Nachwuchs am besten gefällt.

Wenn all das ergebnislos bleibt, ist es manchmal leider erforderlich, eine logische Konsequenz herbeizuführen, die das Kind aus seiner gewohnten Komfortzone herausholt. So ist es durchaus erklärbar, dass der vereinbarte Spieltermin oder ein

Treffen erst stattfinden kann, wenn der Müll oder das Geschirr weggeräumt sind. Wer möchte schließlich Besuch zwischen Müll- und Geschirrbergen empfangen? Das geht leider nicht. Und sicher möchte der Nachwuchs bald auch einmal wieder, dass Sie etwas für ihn tun. Schade, wenn Sie dafür keine Zeit haben, weil Sie seine unerledigten Aufgaben übernehmen müssen. Auch, wenn das hart klingen mag und schwerfällt, solche Konsequenzen sind keine Strafe; sie sind die logische Folge – begründet auf dem eigenen Handeln.

Aber auch hier gilt, dass es immer besser ist, eine gütliche Lösung zu finden, anstatt direkt härtere Maßnahmen zu ergreifen. Keinesfalls hilft es jedoch, gar nichts zu unternehmen und sich die unerledigten Aufgaben dauerhaft wieder selbst aufzuerlegen. Auf diese Weise gelangen Sie früher oder später erneut in Zeitdruck und Ihr persönlicher Berg wächst.

Praxistipps:

- Fangen Sie mit der Übergabe von weniger wichtigen Abläufen an.

- Übertreiben Sie es nicht mit der Kontrolle, das kostet nur unnötig Zeit und stört die Vertrauensbasis.

- Zeigen Sie ehrliches Interesse an der Umsetzung einer übertragenen Aufgabe.

- Geben Sie verantwortungsvollere Aufgaben ab, wenn es die Zuverlässigkeit des anderen ermöglicht.

- Bleiben Sie im Gespräch, wenn etwas nicht so gut läuft, und prüfen Sie, ob Maßnahmen erforderlich sind.

- Bedenken Sie, dass jede Maßnahme angemessen sein muss.

- Vergessen Sie niemals, Erfolge und gute Ergebnisse zu loben. Anerkennung motiviert und verbindet.

Konzentrieren und Fokussieren

Mit Ihrem persönlichen Einsatz haben Sie nun bereits einen Überblick über Ihr gesamtes Aufgabenfeld gewonnen. Sie haben Ihre Aufgaben gesehen, reduziert, strukturiert, priorisiert und Verantwortlichkeiten abgegeben. Nun ist es an der Zeit, Ihr Augenmerk auf die direkte Umsetzung Ihrer verbliebenen Anforderungen zu richten.

Sehr häufig lässt sich beobachten, dass wir uns bei zahlreichen Tätigkeiten verzetteln. Wir beginnen eine

Arbeit und lassen uns dann von etwas ablenken. Wir wechseln von dem, was wir tun, zu etwas anderem und vergessen dabei vielleicht sogar, dass wir ursprünglich etwas ganz anderes tun wollten.

Egal, was Sie tun – tun Sie es richtig. Konzentrieren Sie sich auf Ihre jetzige Aufgabe und bleiben Sie dabei. Wenn es nicht gerade gilt, ein Feuer in Ihren Räumlichkeiten zu löschen oder Erste Hilfe zu leisten: Lassen Sie sich nicht ablenken!

Jede Unterbrechung Ihrer Arbeit bedeutet genaugenommen den Verlust von Zeit. Sei es, dass Sie gerade verwendete Arbeitsmittel zur Seite legen und diese im Anschluss unter Umständen erst einmal suchen müssen, ehe Sie Ihre Arbeit fortsetzen können. Es reicht häufig jedoch auch schon aus, dass Sie sich wieder neu in die Sache hineindenken müssen. Möglicherweise ist Ihnen sogar ein wichtiger Gedanke verloren gegangen oder Sie müssen sich kurzfristig neu orientieren, um herauszufinden, an welcher Stelle Ihrer Tätigkeit Sie genau waren. Vielleicht müssen Sie auch überprüfen, ob Sie einen bestimmten Teil Ihrer Arbeit bereits erledigt haben oder dies noch tun müssen.

All diese Vorgänge nehmen in der Regel nur einige Minuten in Anspruch. Doch die Häufigkeit aller Unterbrechungen, die Sie über den Tag verteilt zulassen, kann sich zu einem beachtlichen Ergebnis summieren.

Gehen wir von einer Zeitverzögerung von drei Minuten aus, die eine kleine Ablenkungen für einen angefangenen Vorgang bedeuten kann. Dabei ist es völlig unabhängig, wie viel Zeit Ihnen der Unterbrechungsvorgang selbst nimmt. Bereits zehn Störungen Ihrer Arbeit begründen so einen Zeitverlust von 30 Minuten am Tag. Und es ist nicht ganz unwahrscheinlich, dass solche Unterbrechungen häufiger als die oben genannte Anzahl auftreten. Diese fallen uns im Alltag oftmals gar nicht auf. Es ist die Kurznachricht, die uns für einen Augenblick aus unserer Arbeit reißt, oder ein Anruf. Es kann der Gang zur Toilette oder eine andere Tätigkeit sein, die wir selbst kurzfristig einschieben, weil sie vermeintlich nur wenige Minuten Zeit in Anspruch nimmt.

Es gilt hier, wie in vielen Bereichen unseres Lebens, dass es in erster Linie wichtig ist, sich einen Ablauf bewusst zu machen, um zu erkennen, ob etwas schiefläuft. Beobachten Sie sich selbst einen Tag lang und sehen Sie, wie vielen Dinge Sie gleichzeitig machen und wie häufig Sie dadurch von Ihrer eigentlichen Aufgabe abgelenkt werden. So stellt sich die Frage, ob die Waschmaschine jetzt zwingend eingeschaltet werden muss, während man eigentlich dabei ist, eine Personaleinsatzplanung vorzunehmen oder eine Tabelle auszuwerten. Gerade in der heutigen Pandemielage, in der sich viele Menschen im Homeoffice befinden, verschmelzen solche alltäglichen Aufgaben gern mit der eigentlichen Arbeit. Jeder einzelne Vorgang für sich genommen kostet Sie wenig Zeit. Doch machen Sie sich bewusst, wie häufig diese Unterbrechungen vorkommen, ob sie wirklich vonnöten sind und wie hoch die Gesamtsumme Ihres Zeitverlustes ist.

Störfaktoren beseitigen!

Es lässt sich natürlich nicht alles vermeiden, was uns kurzfristig von unserer Tätigkeit abhält. Sicherlich ist es jedoch möglich, Störfaktoren an der einen oder anderen Stelle zu reduzieren. Prüfen Sie, wo es sich lohnt, manche Geschehnisse aus bestimmten Situationen komplett zu verbannen.

Stellen Sie zum Beispiel die Pop-up-Benachrichtigungen in Ihrem Postfach ab. Wenn auch nur für einen kurzen Augenblick – Sie sind unterbrochen bei dem, was Sie tun. Besser ist es, zu gegebener Zeit gezielt das Postfach zu öffnen, um zu prüfen, ob sich darin neue wichtige Nachrichten befinden.

Überlegen Sie, ob Sie tatsächlich immer erreichbar sein müssen oder ob es für eine wichtige Aufgabe sinnvoller wäre, das Mobiltelefon auszustellen oder zumindest die Benachrichtigungen aus einzelnen Gruppen oder Kontakten abzustellen. Der häufige Blick auf Ihr Smartphone, weil es gerade blitzt oder summt, kann Ihre Konzentration nachhaltig beeinträchtigen.

Vielleicht müssen Sie den Anruf eines Kollegen oder der Freundin nicht gerade jetzt entgegennehmen, sondern rufen zu einem besseren Zeitpunkt zurück.

Vielleicht hilft es, für wichtige Arbeiten die Tür Ihres Büros oder der Werkstatt zu schließen, damit nicht jeder, der vorbeiläuft, hineinsieht und Ihnen ein freundliches Hallo zuruft. Möglicherweise können Sie sogar mit Ihrem Arbeitgeber vereinbaren, dass es zu bestimmten Zeiten sinnvoll sein kann, ein „Bitte-nicht-stören-Schild" an der Tür anzubringen.

Gerade im Homeoffice kann es zum Beispiel sinnvoll sein, einen Ablageort für etwaig anzunehmende Pakete zu vereinbaren. So ist es Ihnen vielleicht möglich, für effektive Arbeitszeiten die Klingel abzustellen und so ständige Störungen zu vermeiden.

Finden Sie Ihre individuelle Lösung, um sich den Raum für konzentriertes Arbeiten zu schaffen.

Neben den äußeren Störfaktoren gibt es einen weiteren, häufig etwas unterschätzten oder gar vernachlässigten Faktor: Nichts ist störender, als sich sozusagen selbst im Weg zu stehen. Hier ist es nämlich nicht möglich, die Tür zu schließen oder andere Räumlichkeiten aufzusuchen. Es gibt mehrere Ursachen, die dazu führen können, dass unsere Handlungsfähigkeit und Effektivität durch unser eigenes Vorgehen eingeschränkt werden.

Manchmal sind wir in unseren Abläufen so eingefahren, dass wir nicht bereit sind, neue Wege zu gehen. Wir laufen Gefahr, betriebsblind zu werden. Oft überdenken wir das einmal Gelernte nicht aufs Neue und verpassen so die Chance, einzelne Arbeitsschritte zu optimieren. Es ist also wichtig, dass wir aufgeschlossen für Neuerungen bleiben.

Verschließen Sie sich nicht vor den Entwicklungen unserer Zeit und den daraus resultierenden Möglichkeiten. Bilden Sie sich weiter, besuchen Sie angebotene Schulungen und schauen Sie von Zeit zu Zeit einmal, mit welchen Mitteln vielleicht andere ganz ähnliche Aufgaben bestreiten.

Nicht alles Althergebrachte ist schlecht und nicht jede neue Methode kann oder muss angewendet werden. Wichtig ist nur, dass Sie selbst nicht stehen bleiben und offen sind für neue Techniken, die Ihre Arbeit privat oder auch beruflich vereinfachen könnten.

Außerdem ist es unerlässlich, dafür zu sorgen, dass Ihr Kopf freier wird. Wenn Sie ständig damit beschäftigt sind, dieselben Probleme zu wälzen, fehlt Ihnen der Fokus auf Ihre aktuell auszuführenden Aufgaben. Der eigene Kopf kann einer der größten Störfaktoren überhaupt sein. Natürlich lässt sich dieser nicht einfach abschalten, aber auch Ihre Gedanken lassen sich durchaus ordnen und strukturieren.

Fragen Sie sich zum Beispiel, ob es unangenehme Erledigungen gibt, die nicht die oberste Priorität haben, Sie aber allein dadurch schwer belasten, dass Sie wissen, dass deren Erledigung irgendwann anstehen wird. Überprüfen Sie Ihre Liste. Vielleicht haben Sie diese vermeintliche Kleinigkeit nicht einmal notiert und eingeordnet, weil es sich dabei vielleicht nur um einen Anruf handelt. Vielleicht ist es auch die lästige Steuererklärung oder etwas ganz anderes, das auf den ersten Blick nicht schwer ins Gewicht fällt.

Bei genauerer Betrachtung kommt aber zum Vorschein, dass sich Ihre Gedanken häufig und immer wiederkehrend um genau diesen Punkt drehen. Wenn es in Ihrem Leben und auf Ihrer Liste solch anstehende Pflichten gibt, dann wird es höchste Zeit, diese anzugehen. Sie werden sehen, wenn Sie diese erst einmal erledigt haben, werden Sie befreit aufatmen und vielleicht im Anschluss sogar feststellen, dass es gar nicht so schwer war.

Suchen Sie die Aufgaben, die Ihnen am unangenehmsten erscheinen und die Sie gern für alle Zeit verschieben würden. Nutzen Sie die erste Möglichkeit, die sich Ihnen bietet, diese direkt zu erledigen. Wahrscheinlich hat die Tätigkeit selbst nicht die Wichtigkeit, in der obersten Priorität platziert zu werden, aber die Auswirkung, die sie auf Sie hat, solange sie nicht vom Status

„Unerledigt" befreit wird, reicht allemal aus, sie in die Bereiche der dringlichsten Kategorie zu schieben.

Das Vor-sich-Herschieben unangenehmer Dinge kann eine unglaubliche Menge an Energie binden. Darüber zu klagen und zu erläutern, was alles noch getan werden muss, nimmt dabei ebenfalls eine nicht unerhebliche Zeiterfordernis in Anspruch.

Ordnen Sie Ihre Gedanken und befreien Sie sich durch deren zügige Erledigung von belastenden Aufgaben. Lernen Sie hingegen zu akzeptieren, wenn etwas unabänderlich ist, und verbannen Sie alle störenden Überlegungen daran. Ihre kreisenden Gedanken zu unterbrechen, auf welchem Wege auch immer, ist die wichtigste Basis für konzentriertes Arbeiten.

Praxistipps:

- Finden Sie die Störfaktoren, die Ihre Arbeitsabläufe beeinträchtigen, und beseitigen Sie diese.

- Bleiben Sie offen für neue Arbeitsweisen und nutzen Sie Weiterbildungsangebote!

- Nehmen Sie Ihre unangenehmsten Aufgaben und erledigen Sie diese zuerst!

- Akzeptieren Sie das Unabänderliche!

  - Ordnen Sie Ihre Gedanken!

Lassen Sie sich Zeit

Mit Ihrer neu erarbeiteten Herangehensweise konnten Sie sich vielleicht bereits ein wenig Luft verschaffen. Was jedoch, wenn all das Streichen und Reduzieren nicht hilft und es Tage gibt, die einfach nicht genug Stunden haben für das, was alles ansteht?

Es mag paradox klingen, aber als Erstes empfehle ich Ihnen: Lassen Sie sich Zeit!

Werden Sie sich Ihrer Situation bewusst und akzeptieren Sie, dass es Ihnen an solchen Tagen möglicherweise nicht gelingen wird, alles zu Ihrer Zufriedenheit zu vollbringen. Die Dinge deswegen in größter Hektik anzugehen, wird Ihnen jedoch keinesfalls helfen.

Oftmals verliert man durch die vermeintliche Beschleunigung einer Handlung unverhältnismäßig viel Zeit.

Kennen Sie das, wenn Sie etwas besonders schnell angehen wollen, dass es Ihnen gerade deshalb misslingt? Es könnte sein, dass Sie im Hinausgehen den Schlüssel vergessen mitzunehmen oder auch wichtige Unterlagen, die Sie dringend benötigen. Vielleicht müssen Sie deshalb warten, bis jemand aufschließen kann, oder den Schlüssel erst mühevoll organisieren. Es könnte sein, dass Sie noch einmal zurückfahren müssen, um die relevanten Papiere zu holen. Auf der Fahrt werden Sie möglicherweise geblitzt, weil Sie viel zu schnell unterwegs sind, oder Sie werden sogar angehalten und verlieren weitere wertvolle Zeit.

Beim Kochen fällt Ihnen das Mehl aus der Hand, weil Sie es besonders schnell zur Seite stellen, und beim Einräumen des Einkaufs an der Kasse landet ein

Teil der Ware daneben statt wieder im Einkaufs-
wagen, wenn es ganz unglücklich läuft, sind es die
Heidelbeeren, die nun aus der Packung und über
den Boden kullern. Vielleicht stolpern Sie auch
oder Sie fahren beim Ausparken irgendwo dage-
gen. Vielleicht müssen Sie die PIN Ihrer EC-Karte
mehrfach eingeben, weil Sie sich in der Eile ver-
tippt haben. Die Liste der möglichen Missgeschicke und Fehlerquellen ist nahezu unendlich.

Eines jedoch haben all diese Vorfälle gemein:
Sie bringen Sie noch mehr aus der Ruhe. Sie kos-
ten sie weitere unnötige Zeit und sie erschweren
Ihre Abläufe. Selbst wenn es nur die Beeinträchti-
gung Ihrer Gedanken ist, weil Sie sich fragen, wie
teuer wohl der Strafzettel wegen zu schnellen Fah-
rens sein wird. Vielleicht schaffen Sie es auch, dass
Ihre Hektik auf Ihr Umfeld übertragen wird und
das dazu führt, dass eine gereizte Stimmung auf-
kommt oder die Kinder quengeln. Gerade Kinder
spüren sehr schnell, wenn Sie unter Stress stehen,
und spiegeln das dann häufig durch unangeneh-
mes Verhalten wider.

Hektik und Eile erzeugen nahezu immer Stress. In erster Linie natürlich bei Ihnen selbst, aber in der Folge auch bei anderen Beteiligten.

Deshalb atmen Sie durch. Lassen Sie sich bewusst Zeit. Die Bruchteile von Sekunden, in denen Sie durch hektisches Handeln Zeit einsparen wollen, retten nicht Ihren Ablauf, aber die entstehenden Missgeschicke können diesen stark beeinträchtigen.

SCHAFFEN SIE PAUSEN!

Wenn Sie merken, dass umgangssprachlich „gar nichts mehr geht" – machen Sie eine Pause.

Es ist ohnehin sinnvoll, sich regelmäßig Pausen einzugestehen und diese einzuplanen. Am besten noch, bevor Sie an den Punkt kommen, an dem sich das Gefühl der Überforderung einstellt.

Setzen Sie sich in die Mittagssonne und trinken Sie in Ruhe einen Kaffee oder gönnen Sie sich einen viel beschriebenen Powernap. Finden Sie für sich Momente der Ruhe und schöpfen Sie Kraft aus solchen Augenblicken. Jede Pause kann Ihnen helfen, zu neuer und besserer Konzentration zu gelangen. Die Zeit für solche Auszeiten ist somit nicht verschwendet, sondern wird Ihnen im Anschluss durch mehr Effektivität zurückgegeben.

Das Mittagessen sollte niemals beiläufig über der Tastatur am Schreibtisch stattfinden oder während der Fahrt von einem Kunden zum anderen. Planen Sie also in Ihren Abläufen diese regelmäßigen Pausen ein. Es ist ohne Frage, dass jeder Mensch Zeiten der Ruhe braucht. Wir brauchen täglich ausreichend Schlaf und regelmäßige Mahlzeiten. Auf Dauer macht es sich niemals bezahlt, wenn Sie an diesen Punkten versuchen, Zeit einzusparen. Die Folgen aus permanentem Raubbau an Ihrem Körper und somit sich selbst sind gravierend und können durchaus krank machen.

Diese Auswirkungen sind unter Umständen nicht unmittelbar sichtbar und machen sich erst nach einem gewissen Zeitpunkt bemerkbar, dann aber oftmals deutlich. Bereits kurzfristige Beeinträchtigungen Ihres Wohlbefindens wie Kopfschmerzen oder Müdigkeit werden Ihre Erfolge schmälern und Ihre Leistungsfähigkeit einschränken. Schwerwiegende Vorkommnisse jedoch können Sie langfristig aus der Bahn werfen. Chronische Schlafstörungen oder Burn-out würden es dauerhaft nicht möglich machen, die für Sie anstehenden Aufgaben zu bewältigen.

Gönnen Sie also sich und Ihrem Körper regelmäßige Pausen. Planen Sie Leerläufe ein, in denen Sie Ihren Gedanken freien Lauf lassen können und Ihre Produktivität zeitweise stillsteht.

Sie sind schließlich kein Roboter und selbst eine Maschine benötigt hin und wieder eine Wartung, muss mit Strom versorgt werden oder der Akku muss aufgeladen werden.

Praxistipps:

- Vermeiden Sie Hektik und unnötige Eile!
- Nehmen Sie Ihre Bedürfnisse und Ihre Gesundheit ernst: Regelmäßiges Essen, ausreichend Schlaf und kleine Auszeiten täglich einplanen.
- Leerläufe sind normal und sollten ebenfalls eingeplant werden.
- Haben Sie „Mut zur Lücke", wenn Sie trotz allem Einsatz nicht alle Tagesziele erreichen. Langfristig ist es besser, die persönlichen Ressourcen zu schonen als gänzlich auszufallen.

Sagen Sie „NEIN"

S ie haben bereits viele Hürden genommen. Sie haben mit großer Anstrengung und konsequentem Planen und Handeln Struktur in Ihren Alltag gebracht. Es ist Ihnen gelungen, ein gesundes Maß an Eigenverantwortung zu tragen und Aufgaben zu delegieren. Sie erfüllen die notwendigen Bedürfnisse Ihres Körpers und Geistes und nehmen diese ernst.

Das erreichte Ziel haben Sie sich selbst erarbeitet und können stolz darauf sein. Nun gilt es, das Erworbene dauerhaft umzusetzen und zu erhalten.

Hüten Sie sich nun davor, Ihre gewonnenen Freiräume wahllos neu zu füllen. Lassen Sie sich nicht für die Zwecke anderer einspannen. Egal, ob Sie nun einfach Ihr Pensum entspannter angehen können oder jede Menge Zeit gewonnen haben und über diese frei verfügen können. Es ist allein Ihre Zeit! Und es gilt, sorgsam mit dieser umzugehen, um nicht wieder in alte Strukturen zurückzufallen.

Bevor Sie also ganz laut „Hier" rufen, wenn es darum geht, eine neue Aufgabe zu übernehmen, sollten Sie sich gut überlegen, ob Sie das wirklich wollen. Fragen Sie sich, welchen Nutzen es Ihnen bringt und welchen Einsatz Sie im Gegenzug dafür bringen müssen. Vor allem aber fragen Sie sich, ob es Ihnen tatsächlich möglich ist, eine weitere Verantwortung mit dem dazugehörigen Zeitaufwand zu tragen.

Falls es bei Ihnen so etwas wie einen inneren Impuls gibt, dem Sie folgen und der Sie wieder und wieder in neue Aufgaben befördert, weil Sie sich selbst sagen hören: „Ich kann das machen!", sollten Sie diesen schleunigst überdenken. Wenn Sie zu den hilfsbereiten Menschen gehören, die gern anderen zur Hand gehen und sich häufig um alles kümmern, ist es umso wichtiger, sich für jede in diese Richtung gehende Entscheidung sehr viel Zeit zu lassen.

Trainieren Sie sich darauf, dass Sie innerlich erst einmal zu einem klaren Nein tendieren, und wägen Sie dann alle Gegebenheiten in Ruhe ab. Wenn Sie nach reiflicher Überlegung Freude an dem Gedanken finden, eine angefragte Tätigkeit zu übernehmen, dann tun Sie es.

Wenn nicht – sagen Sie NEIN!

Nicht automatisch ist eine Person mehr geschätzt, weil sie alles bejaht und sich ständig für alles einspannen lässt. Häufig ist es sogar so, dass diese Mitmenschen langfristig weniger geschätzt werden, weil eine Art Selbstverständlichkeit einkehrt. Wenn ein solcher Mensch sich dann doch einmal zu einem „Nein" hinreißen lässt, ist die Enttäuschung häufig groß und überschattet alles bisher Geleistete.

Umgekehrt wird hingegen die Handlung einer Person sehr viel mehr wertgeschätzt, die grundsätzlich den Eindruck vermittelt, Wichtigeres zu tun zu haben. Wenn eine solche Persönlichkeit sich dann doch einmal bereit erklärt, eine Aufgabe zu übernehmen, so ist dieser Moment oftmals alles andere überstrahlend und hinterlässt einen bleibenden Eindruck.

Noch ungünstiger wirkt es sich aus, wenn Sie eine Aufgabe übernehmen, obwohl von vornherein absehbar ist, dass Ihnen deren Umsetzung gar nicht möglich sein wird. Wenn Sie direkt angesprochen werden und es nicht schaffen, an der richtigen Stelle „Nein" zu sagen, mag es Ihnen kurzfristig eine unangenehme Situation ersparen, aber langfristig kann es zu sehr viel mehr Schwierigkeiten führen.

Lassen Sie sich also nicht dazu hinreißen, voreilige Zusagen zu machen. Der kurze Moment, in dem Ihnen die positive Zuwendung der anderen deshalb vermeintlich sicher ist, wiegt in den seltensten Fällen den erforderlichen Einsatz auf. Wir sollten deshalb außerordentlich sorgsam damit umgehen, welche weiteren Verpflichtungen wir eingehen werden.

Es gilt selbstverständlich auch hin und wieder, dass Sie lernen müssen, zu sich selbst „Nein" zu sagen. Sie sind in der Versuchung, eine riesige Halloweenparty zu feiern oder Einladungen auszusprechen und sehen bereits in Ihrem derzeitigen Alltag kein Land mehr? Stellen Sie sich hier dieselben Fragen und entscheiden Sie Ihr Vorgehen erst nach reiflicher Überlegung. Es kommt nämlich vor, dass wir uns selbst neue Aufgabenfelder aufhalsen, ohne die bestehenden auch nur annähernd erledigt zu haben.

Praxistipps:

- Machen Sie sich bewusst, dass es Ihren Wert keinesfalls schmälert, wenn Sie „Nein" sagen.

- Wägen Sie sehr gut ab und schlafen Sie bestenfalls mindestens eine Nacht über die Entscheidung, ein größeres Aufgabenfeld zu übernehmen.

Resümee

Die Vielzahl der Dinge, die es für ein optimales Zeitmanagement und eine bessere Organisation zu berücksichtigen gilt, scheint Ihnen auf den ersten Blick unüberwindbar?

Es ist meist so, dass neue Herausforderungen uns einiges abverlangen. Eingefahrene Verhaltensweisen sind über Jahre entstanden und lassen sich nicht ohne Weiteres von heute auf morgen ändern. Dennoch gibt es einen Grund, dass Sie diesen Ratgeber zur Hand genommen und ihn bis zu dieser letzten Seite gelesen haben. Sie wollen etwas verändern!

Lassen Sie sich nicht entmutigen und gehen Sie langsam, aber stetig voran. Gehen Sie dabei einen Schritt nach dem anderen. Es bedarf immer einer gewissen Übung, um neue Abläufe zur Routine werden zu lassen. Wenn wir eine Sache aber erst einmal beherrschen, fällt uns die Ausführung nicht mehr schwer und macht uns möglicherweise sogar Freude.

Nehmen Sie all die wichtigen Dinge unseres Lebens. Wir mussten lernen zu laufen, zu lesen und zu schreiben, Auto zu fahren oder Fahrrad und unglaublich viele Dinge mehr. Die großen Mühen und die Zeit, die wir dafür aufgewendet haben, haben sich jedoch gelohnt. Mit jeder Ausführung fällt das Gelernte leichter und lässt sich automatisch abrufen.

Wenn Sie befürchten, dass Sie durch all die Planungen und Strukturen Ihre Spontaneität verlieren könnten, dann machen Sie sich bewusst, dass ein Zugewinn an Zeit einen großen Mehrwert darstellen wird. Ein Kapital, das Sie dann, wenn Sie selbstbestimmter leben und Ihre Zeit besser einteilen, jederzeit entsprechend Ihren Vorstellungen einsetzen können. Je besser Sie planen, desto mehr Zeit wird zu Ihrer freien Verfügung übrig bleiben.

Wenn Sie es schaffen, nicht mehr durch den Alltag zu hetzen und der Zeit hinterherzulaufen, werden Sie das gute Gefühl haben, Ihr Leben wieder selbst zu steuern. Dieses positive Selbstempfinden wird Ihnen Selbstsicherheit und Zufriedenheit schenken.

Herstellung und Verlag:

BoD – Books on Demand, Norderstedt

ISBN: 9783839151334

1. Auflage

Kontakt: Psiana eCom UG/ Berumer Str. 44/ 26844 Jemgum

Covergestaltung: Fenna Larsson

Coverfoto: depositphotos.com